La petite sorcière qui avait peur

Zaza est une petite sorcière du même âge que toi, qui vit tranquillement dans une maison abandonnée.
Comme toutes les sorcières, elle aime le calme,
les toiles d'araignées, les courants d'air et les escaliers grinçants.

Mais Zaza est aussi une sorcière timide qui a peur de tout.
"Ah, la solitude, quel bonheur" marmonne-t-elle en rougissant,
avec un regard anxieux autour d'elle, comme si
quelqu'un pouvait l'entendre.

Mais tout à coup, le bruit d'un moteur gronde au loin. **Vrouououm!** Des camions de déménagement, aussi jaunes que des bananes géantes, se garent devant la maison. Zaza devient blanche comme un fantôme et son cœur se met à battre la chamade.
Des humains, de toutes les tailles, débarquent comme un troupeau d'éléphants dans un magasin de porcelaine.

"Voilà notre nouvelle maison", dit l'un de ces humains, pendant qu'un enfant se met à courir dans tous les sens en criant. "Oh non", gémit Zaza, en se cachant derrière un rideau, tremblante comme une feuille. "Catastrophe ! Des humains! Ils sont partout ! "

Zaza essaie de se cacher, disparaissant dans les placards remplis de mites, se glissant sous les lits couverts de poussière, se faufilant dans les fissures des murs, partout où les yeux curieux de ces humains ne peuvent la trouver.
Elle a entendu des légendes sur les créatures effrayantes appelées "enfants". "Ils sont comme des petits monstres", murmure-t-elle, "avec leurs cris perçants et leurs peluches aux yeux brillants qui te fixent comme si tu étais un sucre d'orge !"

Mais peu importe où Zaza se cache, les humains s'installent : dans la chambre, le salon avec les meubles couverts de draps, la cuisine et même... oh horreur ! la salle de bain.
"Où est-ce donc qu'une sorcière peut trouver un peu de tranquillité dans ce monde ?" se lamente Zaza.

Heureusement, Zaza se souvient d'un sortilège qu'elle avait presque oublié : la bulle magique. Toi aussi, tu peux faire cet exercice magique avec Zaza.

Assieds-toi confortablement, ferme les yeux et commence par prendre trois respirations profondes, en inspirant par le nez et en expirant par la bouche.

Prends conscience de ta position, du sol qui te porte, du poids de tes habits sur ton corps.

Puis, pense à une peur que tu as et qui te tracasse en ce moment. Cela peut être quelque chose de petit ou de grand, cela n'a pas d'importance. Visualise cette peur.

Imagine maintenant une belle bulle transparente devant toi. Prends la peur que tu as visualisée, place-la doucement à l'intérieur de cette bulle et regarde-la, emprisonnée. Elle est maintenant enfermée et ne peut plus te déranger.

Prends une grande inspiration, puis souffle doucement sur la bulle. Imagine-la s'élever lentement, emportant ta peur avec elle. Regarde-la monter plus haut dans le ciel et devenir de plus en plus petite, jusqu'à ce qu'elle disparaisse.

Prends à nouveau conscience de ta respiration. Lorsque tu te sens prêt(e), bouge doucement tes doigts, puis tes mains et enfin, ouvre les yeux. Bravo, tu as fini l'exercice magique !

La peur commence à quitter Zaza et une nouvelle confiance commence à grandir en elle. "Peut-être que je pourrais apprendre à vivre avec ces humains après tout ?" se demande-t-elle, idée qui lui semble aussi fantastique qu'un dragon portant des lunettes.

Un soir, alors que son estomac gargouille de faim, Zaza,
attirée par l'odeur irrésistible d'un gâteau au chocolat,
se glisse hors de sa cachette et se dirige vers la cuisine, tout en jetant
des regards inquiets autour d'elle.
Alors qu'elle flotte dans l'air et qu'elle vient de saisir le gâteau,
elle entend un bruit de pas.
Soudain, un petit garçon apparaît : "Ahhhhhhh !"
Zaza est prise de panique : "Ahhhhhhh !"

Elle glisse, puis chute en arrière, se prenant les pieds dans la poubelle de la cuisine. Le gâteau lui échappe des mains et se trouve projeté sur le visage du garçon.
PLAF ! Voilà le garçon recouvert de chocolat !
Zaza se relève, secouant la poussière de sa robe.
Le garçon est lui aussi par terre, le gâteau au chocolat dégoulinant sur sa tête.
"Au secours, je ne vois plus rien" crie-t-il affolé.

Zaza et le garçon s'observent longuement, l'air encore un peu effrayé.
Puis, un sourire naît sur le visage de Zaza,
et elle se met à pouffer de rire.
"Tiens, prends ce mouchoir pour t'essuyer le visage" lui dit-elle.
Thomas, tout en s'essuyant, demande, déconcerté :
"T'es qui, toi l'étrange dame qui fait voler les gâteaux?"

Zaza, faisant une pirouette, répond :
"Moi, c'est Zaza ! La sorcière qui... eh bien, qui ne sait manifestement pas manger du gâteau discrètement."
Le petit garçon se débarbouille." Moi c'est Thomas et je ne sais même pas marcher sans me transformer en crème au chocolat » !
Ils éclatent de rire. C'est le début d'une amitié cacaotée et délicieusement amusante.

Voici un autre sortilège très puissant pour être de bonne humeur.

Ferme les yeux.
Commence par prendre trois grandes respirations, en inspirant profondément par le nez et en expirant par la bouche.

Maintenant, pense à quelque chose de drôle, un souvenir rigolo, une blague ou quelque chose qui te fait rire.

Imagine une petite boule d'énergie joyeuse dans ton ventre.
Elle est chatouilleuse et cherche à sortir.
Laisse échapper d'abord un petit rire.
Puis, fais éclater cette énergie joyeuse en un rire plus fort.

Ça peut être hahaha, ou hohoho ou bien hihihi...
c'est comme tu préfères.

Si tu te sens à l'aise, permets à ton corps de bouger avec ton rire.
Balance-toi doucement d'un côté à l'autre,
laisse tes bras se balancer.
Sens l'énergie positive du rire circuler dans tout ton corps.

Quand tu as fini de bien rire, que tu as retrouvé ton calme,
fais un beau sourire silencieux.

Prends quelques instants pour te recentrer, en ressentant la chaleur et la joie qui rayonnent dans tout ton corps.

Avec le temps, Zaza et Thomas sont devenus inséparables, même si Zaza reste toujours cachée pour ne pas être découverte par les parents. Ils passent leurs journées à jouer ensemble, surtout à "Où est Zaza ?", un jeu inventé par Zaza elle-même.
"10, 9, 8..." commence Thomas.
Et POUF ! Elle se transforme en boule de coton, en vieux tapis ou parfois même en une citrouille géante.

Pas facile de trouver une sorcière qui peut devenir transparente ou se cacher dans une bouilloire !
"Tu es où, Zaza ? Dans le tiroir à couverts ? Sous le tapis ? Dans le frigo à côté du pot de cornichons ?"
"Trouvée !" s'écrie Thomas, en pointant une chaise flottante.
"Tu sais bien que les chaises ne peuvent pas voler Zaza !"
Chaque soir, sous le doux clair de lune, ils se racontent des histoires de potions ratées et de balais volants. Rires garantis !

Un matin, alors que la mère de Thomas se brosse tranquillement les dents, elle aperçoit dans le miroir une petite silhouette volante.
"Aaaah !", s'écrie-t-elle, projetant du dentifrice partout.
"Un fan-fan un fan-fan-tôme" hurle-t-elle de toutes ses forces.
Le père de Thomas se précipite dans la salle de bains,
armé d'un balai, qu'il agite comme une épée.

"**Hors de ma maison, espèce de monstre !**"
Zaza se met à courir comme un hamster dans une roue. "Au secours, les humains veulent me transformer en soupe de citrouille !"
Heureusement, Thomas arrive en courant.
"Arrêtez ! C'est mon amie Zaza."
Les parents de Thomas se regardent abasourdis.

Il est temps maintenant de faire un autre exercice magique pour
aider Zaza à être acceptée par les parents de Thomas.

Ferme les yeux et place ta main sur ton cœur.
Imagine une lumière chaude et douce qui en émane.
Elle se propage dans tout ton corps, te remplissant d'amour.
Sens cette lumière croître et s'étendre à chaque respiration.

Imagine maintenant quelqu'un que tu aimes beaucoup.
Ça peut être un parent, un ami ou un animal de compagnie...
Imagine-le clairement devant toi.
Ressens toute l'affection et le bonheur qu'il t'apporte.

Visualise dans ton coeur la lumière qui l'enveloppe
d'un cocon lumineux et protecteur.
Cette lumière est remplie de ton amour.

Pense ou murmure silencieusement :
"Je souhaite que tu sois en bonne santé et que tu sois heureux".
Répète cette formule magique plusieurs fois,
en laissant chaque mot résonner dans ton cœur.

Visualise maintenant l'amour et le bien-être que tu as envoyés
qui reviennent vers toi.
Tu peux te sentir enveloppé(e) d'un cocon d'amour et de lumière.

Quand tu te sens prêt(e), ouvre les yeux lentement.
Bravo ! Je pense que Zaza va être acceptée maintenant.

Thomas présente Zaza à ses parents. "C'est une vraie sorcière ! Mais elle ne transforme pas les gens en crapauds, hein Zaza ?"
Zaza rougit.
"Oui, et les potions, je les prépare avec du chocolat chaud !"
Le père de Thomas se gratte la tête.
"Une sorcière qui préfère le chocolat chaud aux potions ? Ça pourrait être pratique pour les goûters..."
La mère de Thomas se penche vers Zaza, lui glissant à l'oreille :
"Tu saurais faire une potion pour que la maison sente toujours bon ?"

Zaza hoche la tête. "Bien sûr, je peux même faire une potion pour que la vaisselle se nettoie toute seule !"
Thomas saute de joie : "Elle est fantastique, hein ?"
"Bon, d'accord, Zaza peut rester. Mais à une condition : pas de sorcellerie après minuit !" dit en souriant la mère de Thomas.
Thomas éclate de joie et Zaza, pour la première fois depuis longtemps, se sent vraiment chez elle.

Zaza fait partie de la famille maintenant.

Grâce à elle, chaque jour, la maison est le théâtre d'événements merveilleux.

Elle transforme les toasts brûlés en papillons,
utilise sa magie pour retrouver les chaussures égarées,
elle fait danser la vaisselle et bien d'autres choses encore.

Avec Thomas, elle organise des courses de balais (même si Thomas préfère courir que voler).

Un soir, elle murmure à son ami :
"J'ai toujours rêvé d'être applaudie pour mes tours. Et surtout, d'avoir une famille comme vous."

Thomas lui fait un clin d'œil.
"Et nous, on a toujours rêvé d'avoir une sorcière maladroite et rigolote avec nous. Bienvenue à la maison, Zaza !"

Et c'est ainsi que Zaza n'a plus jamais eu peur de faire des rencontres et ne s'est plus jamais sentie seule.

MERCI POUR VOTRE LECTURE !

Nous esperons que vous avez apprecie cette lecture avec votre enfant.

N'hesitez pas a nous mettre une appreciation sur Amazon pour conseiller d'autres parents. Cela nous aiderait enormement !

Il vous suffit de flasher ce QR code pour nous laisser un avis.

DANS LA MÊME COLLECTION

Une méthode simple et ludique pour faire découvrir le yoga à votre enfant. 12 postures ludiques et simples à réaliser pour les 5-12 ans

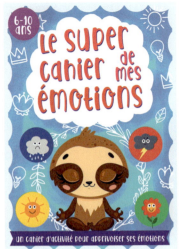 

Un cahier d'activité pour découvrir et gérer ses émotions afin de les accueillir et de mieux vivre avec.

Filou, Noisette et Pompon vont se retrouver nez à nez avec un étrange fantôme. Que peut bien faire ce fantôme en plein milieu de la nuit ?

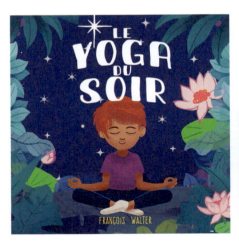 

Des exercices de yoga pour se détendre et une méthode simple pour favoriser un endormissement paisible.

Pour vous remercier d'avoir acheté ce livre,
nous aimerions vous offrir un
livre audio à télécharger gratuitement.

**Comment apprivoiser un cauchemar ?
Une histoire pour aider votre enfant à chasser ses peurs et à trouver un sommeil paisible.**

Pour recevoir gratuitement ce cadeau, il vous suffit de flasher ce QR Code :

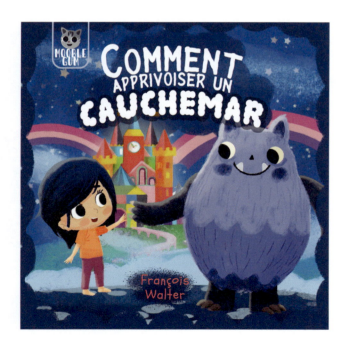

Copyright © 2023 Walter François

Tous droits de reproduction, d'adaptation et de traduction, intégrale ou partielle réservés pour tous pays. L'auteur ou l'éditeur est seul propriétaire des droits et responsable du contenu de ce livre.
Pour demander la permission de reproduire une partie du livre. Veuillez envoyer un message à l'adresse : mooblegum@gmail.com
pour plus d'informations : www.mooble-gum.com
loi n°49-956 du 16 juillet 1949 sur les publications destinées à la jeunesse, modifiée par la loi n°2011-525 du 17 mai 2011

Printed in France by Amazon
Brétigny-sur-Orge, FR